UN DINOSAURIO LLAMADO

SUE™

© The Field Museum

EL HALLAZ

Este libro de la colección ¡Hola, lector de ciencias!
ha sido producido en colaboración con:

The Field Museum

Cartwheel
·B·O·O·K·S·®
SCHOLASTIC INC.

Agradecimientos

Amy Louis y Sharon Sullivan del Proyecto SUE de *The Field Musem*

Cheryl Carlesimo de *Stone House Productions*

Susan Hendrickson

El Departamento Fotográfico de *The Field Museum*

The *Black Hills Institute* por permitir el uso de sus fotografías

El Proyecto Sue ha sido posible, en parte, gracias a la generosa colaboración de McDonald's Corporation.

Agradecemos especialmente a Brian Cooley por permitirnos usar su escultura de SUE para la portada de este libro.

Originally published in English as *A Dinosaur Named Sue The Find of the Century.*

Translated by Jorge I. Domínguez.

ISBN: 0-439-42110-1

Photography and illustration credits:

Cover: The Field Museum, Neg# GEO86199c, photograph by John Weinstein, sculpture by Brian Cooley; cover illustration inset by Portia Sloan, cover photograph inset from The Field Museum, Neg# GN89147.3c, photograph by John Weinstein; pages 3 and 48: The Field Museum, Neg# GEO86160-3c, photograph by John Weinstein; page 4: photograph provided courtesy of Black Hills Institute of Geological Research Inc., Hill City, South Dakota; page 5: illustration by Portia Sloan; page 7: photograph provided courtesy of Black Hills Institute of Geological Research Inc.; pages 8-9: photograph © Susan Hendrickson provided courtesy of Black Hills Institute of Geological Research Inc.; pages 10,11,13, 14: photographs provided courtesy of Black Hills Institute of Geological Research Inc.; page 15: illustration by Portia Sloan; page 16: Neg. No. 17808 courtesy Dept. of Library Services, American Museum of Natural History; page 17: Neg. No. 17811 courtesy Dept. of Library Services, American Museum of Natural History; pages 18-19: illustration by Portia Sloan; pages 20-21: illustration courtesy of the Science Team of the Field Museum; page 22: illustration by Portia Sloan; page 23: The Field Museum, Neg# GEO85737_9c, photograph by James Balodimas; pages 24-25: The Field Museum, Neg# CK9T, Charles R. Knight, artist; pages 27 and 29: illustration by Portia Sloan; page 31: photograph provided courtesy of Black Hills Institute of Geological Research Inc.; page 33: illustration by Portia Sloan; pages 34-37: photographs provided courtesy of Black Hills Institute of Geological Research Inc.; page 38: The Field Museum, Neg# GEO86127_2c, photograph by John Weinstein; page 39: The Field Museum, Neg# GN88582_3c, photograph by John Weinstein; page 40: The Field Museum, Neg# GN88863_36c, photograph by John Weinstein; page 41: The Field Museum, Neg# GN88584_10c, photograph by John Weinstein; page 42 (upper): The Field Museum, Neg# GN88688_35Ac, photograph by John Weinstein; page 42 (lower): The Field Museum, Neg# GN88766_23c, photograph by John Weinstein; page 43 (upper): The Field Museum, Neg# GN89035_3c, photograph by John Weinstein; page 43 (lower): The Field Museum, Neg# GN88688_25Ac, photograph by John Weinstein; page 44: The Field Museum, Neg# GN88582_66c, photograph by John Weinstein; page 45: The Field Museum, Neg# GEO86129_49c, photograph by John Weinstein; page 47: The Field Museum, Neg# GN88486_30Ac, photograph by Kimberly Mazanek.

12 11 10 9 8 7 6 5 4 3 2 1   2 3 4 5 6 7/0

SCHOLASTIC INC. Y THE FIELD MUSEUM PRESENTAN

UN DINOSAURIO LLAMADO

© The Field Museum 1997

EL HALLAZGO DEL SIGLO

por Fay Robinson

en colaboración con el SUE Science Team *de* The Field Museum

Christopher A. Brochu, John J. Flynn, Peter Laraba, Olivier C. Rieppel y William F. Simpson

ilustraciones de Portia Sloan

¡Hola, lector de ciencias! — Nivel 4

SCHOLASTIC INC. Cartwheel ·B·O·O·K·S·®

New York   Toronto   London   Auckland   Sydney   Mexico City   New Delhi   Hong Kong   Buenos Aires

Dakota del Sur

Un día muy extraño

En América del Norte hay un lugar cubierto de suaves colinas y peñascos traicioneros. Durante el verano, las temperaturas sobrepasan los 100 grados y sopla un viento seco y polvoriento.

En esta zona, en la parte oeste de Dakota del Sur, acampó Susan Hendrickson con su perro Gypsy. Era el verano de 1990. Susan había pasado seis semanas viviendo en una tienda de campaña. Todos los días salía a trabajar bajo el sol abrasador. ¿Por qué lo hacía? Susan busca fósiles, y Dakota del Sur es uno de los mejores lugares del mundo para buscar fósiles, como huesos de dinosaurio, por ejemplo.

Susan formaba parte de un grupo de buscadores de fósiles que trabajan para una compañía llamada Black Hills Institute. El grupo se había pasado casi todo el verano excavando huesos de unos dinosaurios llamados edmontosaurios, del grupo conocido como "pico de pato". Terminaba ya el verano. Todos estaban cansados y deseosos de regresar a casa.

Una mañana, cuando ya sólo faltaban dos días para regresar, despertaron en medio de una espesa niebla. No se veía casi nada y hacía un aire frío. "En Dakota del Sur nunca hay niebla en verano. Era un día muy extraño", recuerda Susan.

Ese día tan peculiar resultó ser más emocionante de lo que ninguno de ellos hubiese podido imaginar.

CAPÍTULO 1

El descubrimiento

Todo comenzó con un neumático pinchado. Había que arreglar la rueda de la camioneta en que viajaban. Sin buenos neumáticos es imposible recorrer esta zona tan agreste de Dakota del Sur.

Cuando los demás se fueron al pueblo a cambiar la llanta, Susan prefirió quedarse. Estaba pensando en los peñascos que había del otro lado del valle. El grupo había explorado la mayor parte de esa área, pero no había logrado terminar. "Había un lugar que yo tenía mucho interés en explorar, pero no habíamos tenido tiempo", recuerda Susan. Ésa era su oportunidad.

Susan y Gypsy se fueron en dirección a esa área rocosa. En poco más de dos horas, recorrieron siete millas en medio de la espesa niebla.

Cuando llegaron al lugar, la niebla ya se había disipado. Susan hizo lo que hacen todos los buscadores de fósiles cuando exploran los peñascos. Primero recorrió la base, buscando huesos que hubieran podido caer por la empinada ladera. Trataba de descubrir el color marrón ocre de los fósiles entre las rocas grises. Después de quince minutos de búsqueda, no había logrado encontrar nada.

"De pronto —dice Susan—, vi dos pedazos de hueso de dos pulgadas de largo y un montón de fragmentos de huesos rotos". Miró hacia arriba y vio de dónde habían caído esos huesos. A unos ocho pies por encima de donde estaba, vio más huesos que sobresalían del peñasco.

Susan comenzó a escalar. Vio tres vértebras inmensas, una costilla y el hueso de una pata. Como los extremos fracturados de los huesos sobresalían directamente del peñasco, Susan se dio cuenta de que allí tenía que haber más huesos enterrados. "Todo lo que había encontrado hasta ese momento eran fragmentos pequeños de tiranosaurio, dientes y algunos pedacitos de hueso.

Estaba muy emocionada", cuenta Susan.

Susan observó detenidamente los huesos. Eran huecos. Los dinosaurios que comían carne, los carnívoros, tenían huesos huecos. Los que comían plantas, los hervíboros, no tenían los huesos huecos. Éste era un carnívoro. Y los huesos eran inmensos. "Sabía que el único gran dinosaurio carnívoro que vivió en esta área fue el tiranosaurio rex —dice Susan—. No lo podía creer". Hasta ese momento sólo se habían encontrado fragmentos de los esqueletos de once tiranosaurios rex.

Susan recogió dos pedazos de huesos. Regresó a toda prisa con Gypsy siempre a su lado. Les mostró los huesos a los demás y les dijo lo que había visto. Todos estaban de acuerdo en que había un tiranosaurio rex enterrado en aquellas colinas. Decidieron llamar Sue al dinosaurio, en honor a su descubridora.

Tendrían que excavar casi 30 pies de roca para poder sacar los huesos de Sue, pero algunos miembros del grupo tenían que regresar a casa, y sólo quedarían tres o cuatro personas para realizar la inmensa labor.

El grupo comenzó a excavar con palas, picos y palancas. De sol a sol, trece horas al día, paleaban y cavaban reduciendo a polvo la colina. Empujaban con las manos ladera abajo rocas de 100 libras . La temperatura llegaba a 120 grados, pero trabajaban impulsados por la ilusión de lo que podían encontrar.

Muy pronto, el montón que formaban los huesos de Sue quedó a la vista. El grupo se dio cuenta de lo extraordinario que era este tiranosaurio rex. ¡El esqueleto estaba casi completo! A la mayoría de los esqueletos de dinosaurios encontrados hasta entonces les faltaban muchos huesos.

El cráneo del animal era del tamaño de un refrigerador. Casi todos los dientes estaban aún en su mandíbula inferior, y algunos de ellos medían doce pulgadas o más desde la raíz hasta la punta. Hallaron la pata delantera derecha del tiranosaurio que era la segunda jamás descubierta. Treinta y seis huesos de la

cola formaban un círculo alrededor de los restos, una de las colas de tiranosaurio más completas.

Generalmente, los huesos fósiles están rotos o incompletos, pero los de Sue estaban casi intactos. Y lo que es aún mejor, Sue era un ejemplar inmenso. "Era increíble —dice Susan Hendrickson—. Cuanto más cavábamos, mejor era lo que veíamos. No lo podíamos creer. Uno no se atreve ni a soñar con encontrar algo tan bueno y tan grande". Era el hallazgo de su vida: el tiranosaurio más grande y más completo jamás descubierto.

Borde del peñasco donde Susan Hendrickson encontró los primeros huesos (Véanse las fotos de las págs. 10-11.)

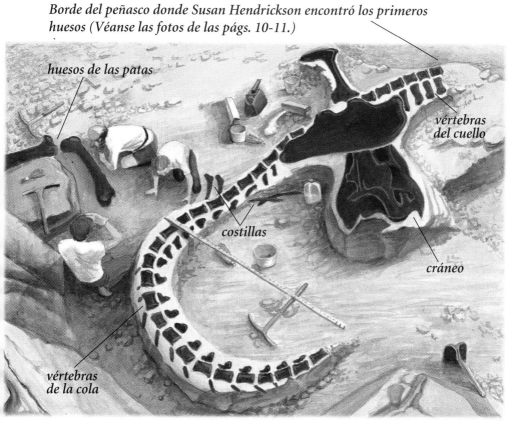

huesos de las patas

vértebras del cuello

costillas

cráneo

vértebras de la cola

CAPÍTULO 2

El T. rex: Un poco de historia

En 1900, un explorador llamado Barnum Brown encontró los primeros fósiles de tiranosaurio rex y se los llevó a su jefe, Henry Osborn, del American Museum of Natural History. Cuando Osborn vio la inmensa mandíbula y los dientes que parecían puñales, se dio cuenta de que era un dinosaurio muy fuerte. Llamó a esa especie tiranosaurio rex, que significa el "tiránico rey lagarto". Un tirano es un líder muy malo y poderoso. Con el tiempo, la gente comenzó a llamarlo simplemente T. rex.

El tiranosaurio rex medía 40 pies de largo y sus caderas estaban a 13 pies de altura, es decir, que era más grande que un autobús. Los científicos calculan que el tiranosaurio pesaba entre dos y siete toneladas. Sólo su cabeza podría haber

Barnum Brown (izquierda) y Henry Osborn (derecha)
en una excavación hecha en Wyoming en 1897.

pesado una tonelada. (Una tonelada tiene 2,000 libras, más o menos lo que pesa un rinoceronte pequeño.)

El tiranosaurio andaba con su enorme cabeza hacia adelante. La pesada cola, que llevaba levantada, le ayudaba a mantener el equilibrio. Las patas delanteras del tiranosaurio eran apenas del tamaño de los brazos de una persona adulta. Pero eran muy, muy fuertes.

Las mandíbulas del tiranosaurio solían tener hasta 58 dientes. Eran los dientes más largos de cualquier dinosaurio conocido. De la encía a la punta, los dientes podían medir hasta cinco pulgadas. Si se incluyen las raíces, algunos dientes medían más de doce pulgadas. Al tiranosaurio le volvían a salir durante toda su vida los dientes que se le caían.

El tiranosaurio rex es una especie de dinosaurio que vivió en América del Norte. Hasta 1998 se habían encontrado 22 ejemplares, todos ellos en Canadá y el oeste de los Estados Unidos.

En el caso de Sue, se encontraron más huesos que en ninguno de los tiranosaurios rex anteriores. (Los dinosaurios que vemos en los museos tienen muchos "huesos" de yeso. A veces, los museos completan el esqueleto de un tiranosaurio usando huesos de dos o más tiranosaurios.)

Sue tenía el 90 por ciento de sus huesos. La mayoría de los esqueletos de tiranosaurios que se han encontrado suelen tener menos de la mitad de los huesos. Para entenderlo mejor, piensa en un rompecabezas de diez piezas al que le faltan la mitad de ellas. ¿Podrías armar un rompecabezas así?

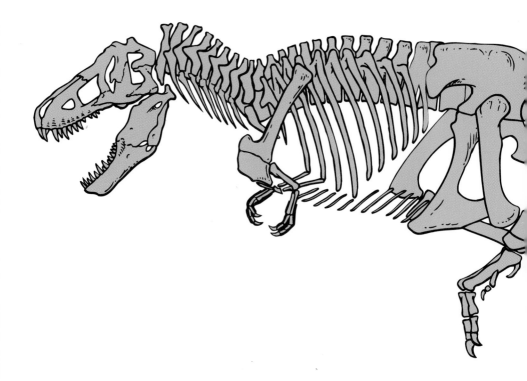

¿Puedes imaginar cómo sería el rompecabezas una vez terminado? Pues bien, imagínate ahora que tienes nueve de las diez piezas. Seguramente podrías armar ese rompecabezas. Y tendrías una idea bastante exacta de cómo sería si estuviera completo. ¡Piensa que los huesos de dinosaurio son como las piezas de un rompecabezas!

Con tantos huesos casi intactos para estudiar, los científicos pueden investigar al tiranosaurio mejor que nunca, y ahora aprenderán muchas cosas de la vida de uno en particular: Sue.

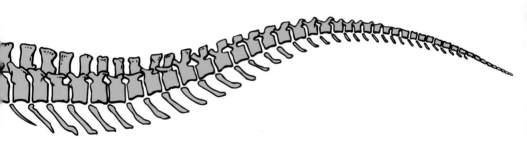

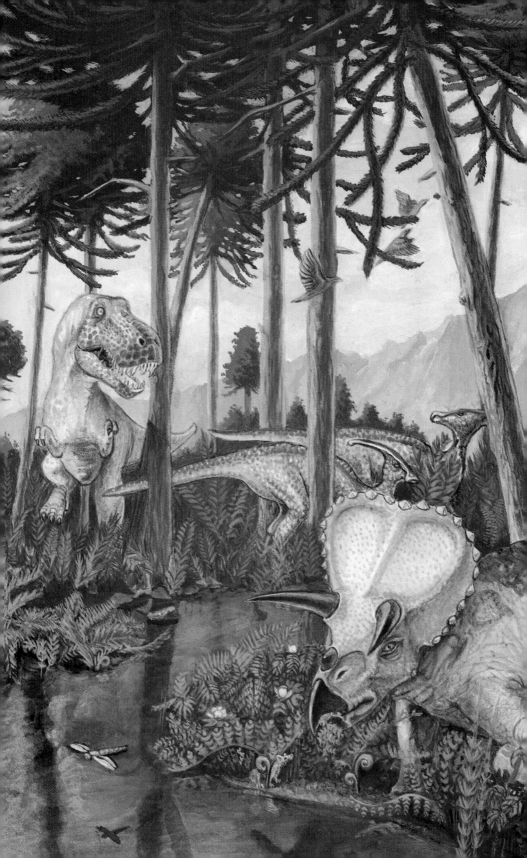

CAPÍTULO 3

En los tiempos de Sue

Sue vivió hace aproximadamente 67 millones de años, o sea, al final del período cretácico. La era de los dinosaurios estaba a punto de terminar. ¿Cómo sería la vida de Sue? Si pudiéramos viajar a través del tiempo, quizás veríamos esto...

Había reptiles por todas partes. Por el aire volaban majestuosos los pterosaurios, que eran del tamaño de aviones pequeños. En el agua, los plesiosaurios de cuellos larguísimos usaban sus aletas para "volar" por el agua. Sue se paseaba en compañía de otras especies de dinosaurios: los triceratops de tres cuernos, los hadrosaurios "pico de pato" como el parasaurolophus de grandes cuernos, el rápido y carnívoro troodon y el

anquilosaurio, que estaba recubierto por una coraza como un tanque de guerra...

En la época de Sue vivieron los antecesores de muchos de los animales de hoy. Las tortugas y las salamandras salían del agua y se volvían a zambullir. Las medusas nadaban en las mismas aguas que los tiburones y las rayas. Los pájaros cruzaban el cielo. Y en la tierra, los escarabajos y las zarigüeyas se desplazaban sin prisa.

El clima era más cálido en aquel entonces. En el área donde vivía Sue el aire era húmedo y los inviernos muy suaves. Posiblemente Sue nunca vio la nieve ni el hielo. Ríos y mares poco profundos y recalentados por el sol cubrían la mayor parte de la

Interpretación clásica del tiranosario rex y el triceratops realizada en la década de 1920 por el pintor Charles Knight (parte de la colección de The Field Museum).

región. Las tormentas repentinas causaban inundaciones y a veces sepultaban a los dinosaurios bajo el lodo y la arena.

El mundo que rodeaba a Sue era fértil y verde. La tierra estaba cubierta por helechos, palmeras y enredaderas. Las plantas florecían por todas partes y árboles más pequeños crecían en las riberas. Muy cerca de allí se alzaban grandes bosques en los que los antepasados de los abetos parecían tocar el cielo.

Los científicos creen que Sue nació de un huevo. Piensan eso basándose en lo que se sabe sobre sus descendientes actuales, las aves y los reptiles. Los reptiles nunca dejan de crecer. Como el tiranosaurio es una especie de reptil, Sue creció a lo largo de toda su vida.

Probablemente, Sue iba sola de un lugar a otro y para alimentarse, perseguía manadas de hadrosaurios rugientes o quizás acechaba detrás de los árboles, vigilando a los miles de triceratops que pasaban cerca.

¿Cómo atrapaba y devoraba Sue a sus víctimas? La mayoría de los científicos piensan que el tiranosaurio era un cazador feroz. Si así fuera, podemos pensar que sucedería algo así...

Una manada de triceratops se acerca y Sue los observa a lo lejos. Un triceratops viejo y enfermo se queda retrasado. Sue espera hasta que el resto de la manada se aleje. Entonces sale rápidamente de entre la maleza y sorprende al triceratops. El triceratops trata de escapar, pero Sue es más rápida. Abre la boca y clava los dientes en el lomo del triceratops. Sue lo aprieta mientras el triceratops se retuerce. El triceratops vuelve la cabeza apuntando sus afilados cuernos contra las costillas de Sue. Sue muerde más profundamente. Con las garras de sus patas delanteras, que son como garfios, inmoviliza al triceratops. Al poco tiempo el triceratops está tan débil que ya no puede luchar. Y Sue comienza a devorar una gran cena.

No todos los especialistas creen que el tiranosaurio era un cazador activo. Algunos científicos piensan que se alimentaba de los animales muertos que encontraba porque era demasiado grande para correr velozmente. Sus patas delanteras eran demasiado pequeñas para agarrar a sus presas. Y no le sería fácil usar su inmensa boca como arma. Si así fuese, podemos pensar que sucedería algo así...

Una manada de triceratops se detiene en la orilla para comer. Uno de ellos, muy viejo y débil, se tumba en la tierra y muere. Un par de días después, Sue pasa por allí. Olfatea el aire y siente el olor del animal muerto, sigue el rastro hasta encontrar al viejo triceratops. Con sus poderosas mandíbulas y afilados dientes, arranca pedazos de carne y huesos del cadáver. Un troodon se acerca con la esperanza de compartir festín. Sue mira al dinosaurio, que es más pequeño, abre sus fauces y ruge. El troodon escapa a toda velocidad, asustado por el tamaño y los colmillos de Sue. Entonces Sue termina su banquete.

Los científicos no han podido determinar cómo se alimentaba el tiranosaurio. Tal vez, a semejanza de los leones y los tiburones actuales, a veces cazaba animales y otras veces devoraba la carne de los animales muertos que encontraba. Algunos científicos creen que ésta es la explicación más acertada.

Nadie sabe cuántos años vivía el tiranosaurio rex. Algunos científicos calculan que unos treinta. Otros dicen que quizás llegaba a sesenta años o más.

No sabemos cuántos años tenía Sue al morir, pero evidentemente tuvo una vida larga. Tampoco sabemos de qué murió, pero sabemos lo que sucedió después de su muerte.

CAPÍTULO 4

Sue se vuelve fósil

Para que los huesos se conviertan en fósiles deben ser sepultados rápidamente. De lo contrario, otros animales hambrientos se los llevarían o se pudrirían por el clima y el paso del tiempo. Sabemos que el cuerpo de Sue quedó sepultado rápidamente porque casi todos sus huesos se encontraban en el mismo sitio. Y como los huesos fueron hallados en piedra arenisca, sabemos que su cuerpo quedó cubierto por arena.

He aquí lo que le pudo haber sucedido a Sue. Quizás una tormenta repentina causó una inundación y las aguas arrastraron el lodo y la arena bajo los cuales quedó enterrado el cuerpo de Sue. O tal vez Sue murió en la ribera de un río. De cualquier forma, su cuerpo quedó sepultado rápidamente. La carne se pudrió y sólo quedaron los huesos. El lodo y la arena del río los cubrieron.

En este proceso, los huesos de Sue se separaron. Los huesos de las patas y las costillas se esparcieron. Lo sabemos porque así los encontraron. (Generalmente, los fósiles de dinosaurios suelen estar mucho más desordenados y deteriorados que los de Sue. Ésta es otra prueba de que los huesos de Sue quedaron sepultados poco después de su muerte.)

El cuerpo de Sue quedó cubierto por diversas capas de lodo y arena. La arena y el lodo que se acumulan y se asientan se llaman sedimentos.

Pasaron miles de años. Los sedimentos que se acumularon sobre el cuerpo comprimieron a Sue bajo la tierra. La arena que estaba a su alrededor se convirtió en un tipo de roca llamada piedra arenisca.

Los huesos de Sue también se transformaron. La presión de tantas capas de sedimentos causaron ciertos cambios. El agua penetró en el interior de los huesos formando nuevos minerales. Los huesos se volvieron más pesados, más frágiles y de un color marrón más oscuro.

Durante millones de años, la Tierra fue cambiando. Las fuerzas internas del planeta causaron movimientos de tierra. Enormes volcanes y fuertes terremotos formaron nuevas montañas. Los ríos y mares que cubrían el área donde vivió Sue se secaron. El clima se volvió más frío. Las lluvias repentinas producían inundaciones y soplaban fuertes vientos. La lluvia y el viento transformaron el paisaje formando las colinas y los peñascos de la actual Dakota del Sur. Algunos lugares que antes estaban en las profundidades de la tierra quedaron muy cerca de la superficie.

La tumba rocosa de Sue fue uno de esos lugares. Con el tiempo, las rocas que la cubrían se desgastaron hasta dejar algunos huesos al descubierto. Después llegaron Susan Hendrickson y Gypsy buscando fósiles. ¡Y ya sabes lo que sucedió!

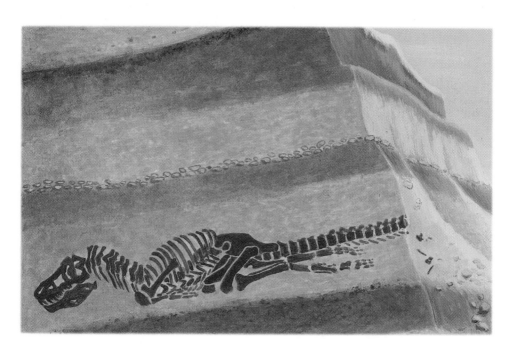

CAPÍTULO 5

Cómo se llevaron a Sue

Primero sacaron toda la sección de la colina de piedra arenisca que cubría a Sue. Después tuvieron que sacar sus huesos de la roca. Cuatro trabajadores del Black Hills Institute comenzaron a cavar. Con mucho cuidado, fueron sacando con pequeñas palas, picos y cepillos las piedras y el polvo que estaban junto a los huesos. Siempre que era posible, dejaban los huesos en bloques de roca. Más tarde quitarían con las otras herramientas esas rocas que estaban pegadas a los huesos. Sacaron el bloque de roca que contenía el cráneo y los huesos de la cadera de Sue en una sola pieza. ¡Pesaba cuatro toneladas!

Cubrieron con un pegamento especial algunos huesos que parecían estar a punto de quebrarse. Después cubrieron cada hueso o grupo de huesos con papel de aluminio. Luego los recubrieron de yeso para protegerlos durante el viaje hasta el laboratorio.

Este yeso es igual que el que ponen los médicos a los pacientes cuando se fracturan un hueso.

Se necesitaron cuatro camionetas para trasladar todos los huesos cubiertos de yeso al Black Hills Institute. Entonces comenzó el proceso de limpiar y preparar cada hueso.

Durante el traslado de los huesos no hubo contratiempos. Los problemas comenzaron con la limpieza de los huesos. Sue era un ejemplar tan grande y tan extraordinario que todo el mundo la quería para sí. El dueño de las tierras donde hallaron los restos declaró que Sue era de su propiedad. Como el propietario tenía sangre indígena, su tribu, los siux, dijeron que el dinosaurio era de ellos. Y los miembros del Black Hills Institute que lo encontraron pensaban que les pertenecía.

La disputa terminó ante los tribunales de justicia. Al final del proceso, cinco años después, un juez decidió que Sue pertenecía al propietario del terreno donde la encontraron. Éste decidió venderla en una subasta.

En las subastas, la gente se reúne alrededor del objeto que se va a vender. El subastador comienza ofreciendo el objeto a un precio determinado. La gente ofrece cantidades cada vez más altas hasta que nadie ofrece más. La persona que ofrece la mayor cantidad se queda con el objeto.

En una casa de subastas muy elegante, en Nueva York, exhibieron el cráneo de Sue. Vino gente de todo el mundo interesada en comprar el dinosaurio.

Muchas instituciones donaron dinero a The Field Museum *para que comprara a* Sue *en la subasta, entre ellas,* McDonald's Corporation, Walt Disney World Resort, *el* California State University System *y varias instituciones más.*

Comenzó la subasta. La gente contenía el aliento mientras las ofertas subían y subían... hasta superar un millón de dólares, dos millones, cinco millones. Finalmente, no hubo más ofertas.

¡Vendido! ¿A quién? A The Field Museum de Chicago. ¿En cuánto? ¡En más de ocho millones de dólares!

The Field Museum opinaba que valía la pena pagar hasta el último centavo por Sue. Ahora podrían preservar este increíble fósil para que los científicos lo pudieran estudiar. Y por muchos años, la gente visitaría el museo y podría ver a Sue.

CAPÍTULO 6

La labor continúa

En 1997, The Field Museum de Chicago se convirtió en el hogar permanente de Sue. Los científicos estudian sus huesos diariamente y piensan que los seguirán estudiando durante los próximos cien años.

Los visitantes de The Field Museum pueden observar cómo los científicos limpian los huesos de Sue. Allí, tras los cristales del laboratorio McDonald's para procesamiento de fósiles, se puede ver el trabajo que realizan los preparadores. Su labor consiste en quitar todos los fragmentos de piedra que están pegados a los huesos para observarlos y estudiarlos.

Primero retiran la cubierta de yeso. Después retiran la "matriz". Ése es el nombre que los científicos les dan a las rocas que rodean al fósil. Tienen que trabajar muy lentamente y con mucho cuidado para no dañar los huesos.

Los preparadores usan una serie de herramientas para quitar los restos de piedra. Una de ellas funciona como un martillo neumático en miniatura. Su dura punta de metal, impulsada por aire a presión, golpea repetidamente para separar los restos de piedra del hueso.

Cuando sólo queda una capa muy fina, los preparadores usan herramientas más delicadas, como los

instrumentos que usa el dentista para limpiar los dientes: raspadores, sondas y picos diminutos. Pero casi toda esta última capa se quita con un diminuto aparato que la despega con chorros de bicarbonato a presión. A veces usan también cepillos muy suaves.

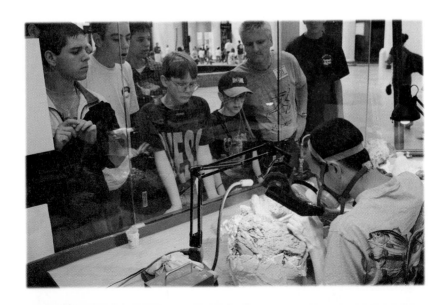

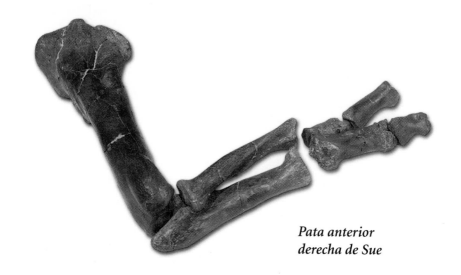

*Pata anterior
derecha de Sue*

Algunos de los huesos de Sue no fueron encontrados. Los científicos de The Field Museum moldearán esos huesos o harán copias de yeso de huesos de otros tiranosaurios para ponerlos en su lugar. A los huesos artificiales les darán un color marrón rojizo para que se puedan diferenciar de los verdaderos.

Al final, armarán el esqueleto sobre una base de metal que mantendrá los huesos en su lugar. El cráneo de Sue no se va a montar sobre el resto del esqueleto porque es demasiado pesado. En su lugar pondrán una reproducción de yeso más liviana. El verdadero cráneo lo colocarán en un balcón sobre el lugar donde esté el esqueleto. En el futuro, se construirá una nueva galería en la que los huesos de Sue estarán en exposición permanente.

Los científicos de The Field Museum ya han hecho importantes descubrimientos al estudiar los huesos de Sue. He aquí algunas de las cosas que han determinado:

• *Sue quizás haya tenido una vida más larga que cualquiera de los otros tiranosaurios descubiertos.*

Los científicos han encontrado en sus huesos claves para determinar su edad.

• *Algunos dientes tienen una forma peculiar.*

Esto sucede con algunos dientes de los reptiles al envejecer. Como Sue era un reptil, esto puede indicar que llegó a una edad muy avanzada.

• *Algunos de los huesos de Sue estaban unidos.*

Esto sucede con los huesos de muchos animales y también de las personas, al envejecer.

• *La mayoría de los reptiles crecen durante toda su vida.*

Por eso, cuanto más grande sea un tiranosaurio, más años debió haber vivido. ¡Y Sue es el tiranosaurio más grande jamás encontrado!

A partir del estudio del cráneo de Sue, los científicos han hecho nuevos descubrimientos acerca del cerebro de los tiranosaurios. La parte del cerebro que controlaba el olfato era inmensa. Eso quiere decir que su sentido del olfato era muy desarrollado. Debía oler mucho mejor de lo que podía ver u oír. Quizás los tiranosaurios usaban su olfato para buscar alimentos.

¿Qué esperan descubrir los científicos de The Field Museum a partir del estudio de Sue? ¡Muchísimo! He aquí algunas de las cosas que están investigando.

¿Peleaba Sue con otros dinosaurios?

Algunos de los huesos de Sue parecen haber sufrido lesiones. ¿Cómo habrá sucedido esto? Muy pronto los científicos tendrán ideas más precisas al respecto.

¿De qué tamaño era Sue?

Una vez que se arme su esqueleto, se conocerán sus dimensiones exactas. Sue medía por lo menos 40 pies desde el hocico hasta la punta de la cola.

¿Cómo movía su inmenso cuerpo el tiranosaurio? ¿A qué velocidad podía moverse?

Los científicos creen que, ahora que tienen tantos huesos de un mismo animal, podrán responder estas preguntas. Pondrán toda la información acerca del tamaño y la forma de los huesos en una computadora. Los estudios realizados con computadoras les ayudarán a determinar cómo se movían los tiranosaurios.

¿Qué relación tiene el tiranosaurio con otros dinosaurios y con las aves?

Los huesos de Sue se compararán con los de otros dinosaurios y con los de los pájaros, sus descendientes actuales. Los dinosaurios cuyos huesos sean parecidos a los de Sue seguramente estarán estrechamente relacionados con el tiranosaurio.

Todos están muy entusiasmados con la labor que se lleva a cabo en The Field Museum. Susan Hendrickson sigue el proceso muy de cerca y espera que podamos aprender mucho a partir del estudio de Sue. "Sue esperó 67 millones de años para levantarse y mirar a muchas personas y para que éstas a su vez la observaran a ella. La gente va a quedar asombrada. Lo mejor que Sue puede lograr es despertar el interés del público por aprender más sobre el mundo que nos rodea".

Ésa es una gran tarea para un fósil de 67 millones de años, pero Sue bien podría realizarla.